中华人民共和国行业标准

公路技术状况评定标准

Highway Performance Assessment Standards

JTG 5210—2018

主编单位：交通运输部公路科学研究院

批准部门：中华人民共和国交通运输部

实施日期：2019 年 05 月 01 日

人民交通出版社股份有限公司

图书在版编目（CIP）数据

公路技术状况评定标准：JTG 5210—2018 / 交通运输部公路科学研究院主编 . — 北京：人民交通出版社股份有限公司, 2019. 3

ISBN 978-7-114-15202-3

Ⅰ．①公… Ⅱ．①交… Ⅲ．①道路工程—技术评估—行业标准—中国 Ⅳ．①U41-65

中国版本图书馆 CIP 数据核字（2019）第 041962 号

标准类型：中华人民共和国行业标准
标准名称：**公路技术状况评定标准**
标准编号：JTG 5210—2018
主编单位：交通运输部公路科学研究院
责任编辑：丁　遥
责任校对：刘　芹
责任印制：刘高彤
出版发行：人民交通出版社股份有限公司
地　　址：（100011）北京市朝阳区安定门外外馆斜街 3 号
网　　址：http：∥www. ccpress. com. cn
销售电话：（010）85285857
总 经 销：人民交通出版社股份有限公司发行部
经　　销：各地新华书店
印　　刷：北京市密东印刷有限公司
开　　本：880×1230　1/16
印　　张：3. 75
字　　数：100 千
版　　次：2019 年 3 月　第 1 版
印　　次：2024 年 11 月　第 5 次印刷
书　　号：ISBN 978-7-114-15202-3
定　　价：40. 00 元

（有印刷、装订质量问题的图书，由本公司负责调换）

中华人民共和国交通运输部

公　告

第 88 号

交通运输部关于发布
《公路技术状况评定标准》的公告

现发布《公路技术状况评定标准》(JTG 5210—2018)，作为公路工程行业标准，自 2019 年 5 月 1 日起施行，原《公路技术状况评定标准》(JTG H20—2007) 同时废止。

《公路技术状况评定标准》(JTG 5210—2018) 的管理权和解释权归交通运输部，日常解释和管理工作由主编单位交通运输部公路科学研究院负责。

请各有关单位注意在实践中总结经验，及时将发现的问题和修改建议函告交通运输部公路科学研究院 (地址：北京市海淀区西土城路 8 号，邮政编码：100088)。

特此公告。

中华人民共和国交通运输部
2018 年 12 月 25 日

前　言

根据交通运输部厅公路字〔2013〕169 号文《关于下达 2013 年度公路工程行业标准制修订项目计划的通知》要求，交通运输部公路科学研究院作为主编单位承担了《公路技术状况评定标准》（JTG H20—2007）的修订工作。

2007 年发布的《公路技术状况评定标准》（JTG H20—2007），对促进公路行业技术进步，指导我国公路养护管理工作，提升公路养护管理水平，发挥了重要作用。随着我国经济社会的快速发展、公路养护规模的不断扩大、公路出行需求的迅猛增长，《公路技术状况评定标准》许多章节也需要进一步完善和修订。本次修订总结了 2007 年以来我国公路技术状况检测评定的经验，吸收了国内外先进成熟的新技术和新方法，在工程化示范应用的基础上，进一步完善了我国公路技术状况检测评定的方法、指标体系、模型、参数及有关规定。

本标准是对《公路技术状况评定标准》（JTG H20—2007）的全面修订。修订后的标准分总则、术语、公路技术状况评定指标、公路技术状况评定等级、公路损坏分类、公路技术状况检测与调查、公路技术状况评定等 7 章，以及 3 个附录。主要修订内容如下：

（1）删除了砂石路面的有关规定。

（2）增加了路面跳车指数和路面磨耗指数两项技术指标，丰富了公路技术状况评定的指标体系。

（3）调整了高速公路和水泥混凝土路面有关指标的等级划分标准。

（4）增加了路面自动化检测的有关规定及路面破损率计算方法。

（5）增加了优等路率、优良路率和次差路率三项统计指标及计算方法。

（6）修正了路面车辙深度指数模型及参数。

（7）调整了部分分项指标的相关权重和扣分标准。

（8）增加了路面跳车计算方法。

（9）增加了路面弯沉标准值计算方法。

本标准第 1、2、3、4 章由潘玉利起草，第 5 章由赵宝平、舒森、严霏起草，第 6 章由曹江、薛忠军、李强起草，第 7 章由张晨、侯芸、王浩仰起草，附录 A 由曹江起草，附录 B 由李丽苹起草，附录 C 由侯芸起草。

请各有关单位在使用本标准的过程中，将发现的问题及建议，函告标准日常管理组，以便今后修订时参考。联系人：曹江、张晨（公路养护技术国家工程研究中心，北京市海淀区地锦路 9 号院，100095，010-82364026，MQI@ roadmaint. com）。

主 编 单 位：交通运输部公路科学研究院

参 编 单 位：公路养护技术国家工程研究中心（中公高科养护科技股份有限公司）

江苏省交通运输厅公路局

河北省高速公路管理局

北京市道路工程质量监督站

中国公路工程咨询集团有限公司

陕西省公路局

主 编：潘玉利

主要参编人员：曹 江 张 晨 舒 森 赵宝平 薛忠军

侯 芸 严 霏 李 强 王浩仰 李丽苹

主 审：张玉宏

参与审查人员：杨 亮 于 光 邓 欣 虞丽云 朱定勤

汪 波 吴有铭 黄晓明 徐玉春 魏 忠

王 超 潘豫萍 刘怡林

目　次

1　总则

1.0.1　为客观评定公路技术状况，促进公路技术状况检测评定工作的科学化和规范化，制定本标准。

1.0.2　本标准适用于各等级公路。

1.0.3　公路技术状况检测评定工作，应遵循客观、科学和高效的原则，采用先进可靠的检测和评价手段。

1.0.4　公路技术状况的检测评定除应符合本标准的规定外，尚应符合国家和行业现行有关标准的规定。

2 术语

2.0.1 公路技术状况指数　highway maintenance quality indicator

用于综合评价公路路基、路面、桥隧构造物和沿线设施技术状况的指标。

2.0.2 路面技术状况指数　pavement maintenance quality index

用于综合评价路面损坏、路面平整度、路面车辙、路面跳车、路面磨耗、路面抗滑性能和路面结构强度技术状况的指标。

2.0.3 路面跳车　pavement bumping

由路面异常突起或沉陷等损坏引起的车辆突然颠簸。

2.0.4 路面磨耗　pavement wearing

路面表面构造磨损状况。

3 公路技术状况评定指标

3.0.1 公路技术状况评定应采用公路技术状况指数 MQI 和相应分项指标——路基技术状况指数 SCI、路面技术状况指数 PQI、桥隧构造物技术状况指数 BCI 和沿线设施技术状况指数 TCI。

3.0.2 路面技术状况评定应采用路面技术状况指数 PQI 和相应分项指标——路面损坏状况指数 PCI、路面行驶质量指数 RQI、路面车辙深度指数 RDI、路面跳车指数 PBI、路面磨耗指数 PWI、路面抗滑性能指数 SRI 和路面结构强度指数 PSSI。

3.0.3 公路技术状况指标体系见图 3.0.3。公路技术状况指数 MQI 和相应分项指标值域为 0 ～ 100。

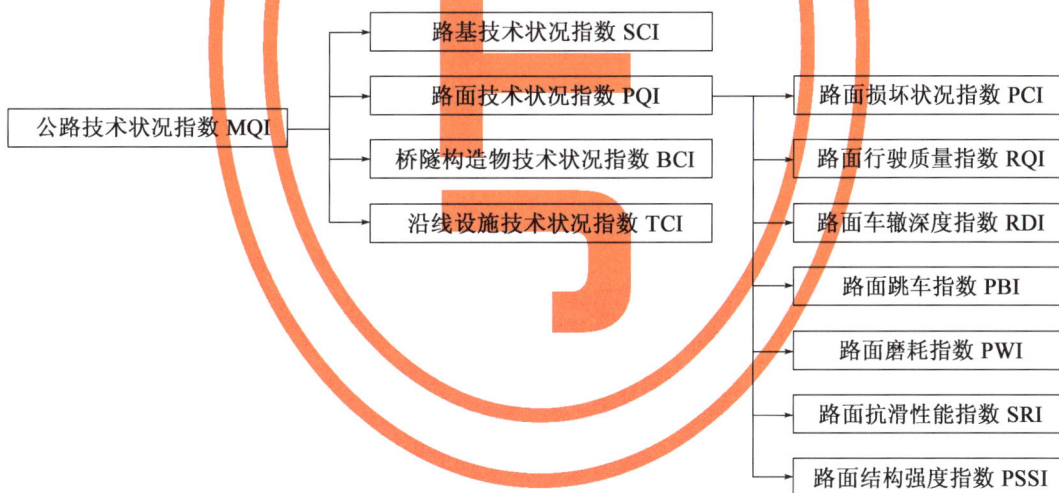

图 3.0.3 公路技术状况指标体系

图中：MQI——公路技术状况指数（Highway Maintenance Quality Indicator）；
SCI——路基技术状况指数（Subgrade Condition Index）；
PQI——路面技术状况指数（Pavement Maintenance Quality Index）；
BCI——桥隧构造物技术状况指数（Bridge，Tunnel and Culvert Condition Index）；
TCI——沿线设施技术状况指数（Traffic Facility Condition Index）；
PCI——路面损坏状况指数（Pavement Surface Condition Index）；

RQI——路面行驶质量指数（Pavement Riding Quality Index）；

RDI——路面车辙深度指数（Pavement Rutting Depth Index）；

PBI——路面跳车指数（Pavement Bumping Index）；

PWI——路面磨耗指数（Pavement Surface Wearing Index）；

SRI——路面抗滑性能指数（Pavement Skidding Resistance Index）；

PSSI——路面结构强度指数（Pavement Structure Strength Index）。

4 公路技术状况评定等级

4.0.1 公路技术状况应分为优、良、中、次、差五个等级。公路技术状况等级划分标准应符合表4.0.1的规定。

表4.0.1 公路技术状况等级划分标准

评 定 指 标	优	良	中	次	差
MQI	≥90	≥80，<90	≥70，<80	≥60，<70	<60

4.0.2 公路技术状况各分项指标应分为优、良、中、次、差五个等级。各分项指标的等级划分标准应符合表4.0.2的规定。

表4.0.2 公路技术状况分项指标等级划分标准

评 定 指 标	优	良	中	次	差
SCI、PQI、BCI、TCI	≥90	≥80，<90	≥70，<80	≥60，<70	<60
PCI、RQI、RDI、PBI、PWI、SRI、PSSI	≥90	≥80，<90	≥70，<80	≥60，<70	<60

注：1. 高速公路路面损坏状况指数PCI等级划分标准，"优"应为PCI≥92，"良"应为80≤PCI<92，其他保持不变。

2. 水泥混凝土路面行驶质量指数RQI等级划分标准，"优"应为RQI≥88，"良"应为80≤RQI<88，其他保持不变。

5 公路损坏分类

5.1 路基

5.1.1 沥青路面路肩损坏分类应符合表 7.4.5-1 的规定，水泥混凝土路面路肩损坏分类应符合表 7.4.5-2 的规定。所有损坏均应按面积计算，累计面积不足 $1m^2$ 应按 $1m^2$ 计算。损坏程度应按下列标准判断：

    1　轻度应包括表 7.4.5-1 和表 7.4.5-2 规定的所有轻度和中度损坏。

    2　重度应包括表 7.4.5-1 和表 7.4.5-2 规定的所有重度损坏。

5.1.2 边坡坍塌应为路堤、路堑边坡表面松散及破碎引起的边坡坡面局部坍塌，按处计算。损坏程度应按下列标准判断：

    1　轻度应为边坡坍塌长度小于 5m。

    2　中度应为边坡坍塌长度在 5～10m 之间。

    3　重度应为边坡坍塌长度大于 10m。

5.1.3 水毁冲沟应为雨水冲刷形成的冲沟，按处计算。损坏程度应按下列标准判断：

    1　轻度应为冲沟深度小于 20cm。

    2　中度应为冲沟深度在 20～50cm 之间。

    3　重度应为冲沟深度大于 50cm。

5.1.4 路基构造物损坏应为挡墙等圬工体出现的表面、局部和结构等损坏，按处计算。损坏程度应按下列标准判断：

    1　轻度应为勾缝损坏、沉降缝损坏、表面破损、钢筋外露和锈蚀等，每 10m 计 1 处，不足 10m 按 1 处计算。

    2　中度应为局部基础淘空、墙体脱空、轻度裂缝、鼓肚、下沉等，每 10m 计 1 处，不足 10m 按 1 处计算。

    3　重度应为整体开裂、倾斜、滑移、倒塌等。

5.1.5 路缘石缺损应为路缘石缺失或损坏，按长度（m）计算。

5.1.6 路基沉降应为深度大于 30mm 的沉降，按处计算。损坏程度应按下列标准判断：

    1 轻度应为路基沉降长度小于5m。

    2 中度应为路基沉降长度在5～10m之间。

    3 重度应为路基沉降长度大于10m。

5.1.7 排水不畅应为路基边沟、排水沟、截水沟等排水系统淤塞，按处计算。损坏程度应按下列标准判断：

    1 轻度应为边沟、排水沟、截水沟等排水系统存在杂物、垃圾，每10m计1处，不足10m按1处计算。

    2 中度应为边沟、排水沟、截水沟等排水系统全截面堵塞，出现衬砌剥落、破损、圬工体破裂、管道损坏等，每10m计1处，不足10m按1处计算。

    3 重度应为路基排水系统与外部排水系统不连通。

5.2 沥青路面

5.2.1 龟裂应按面积计算，损坏程度应按下列标准判断：

    1 轻度应为主要裂缝块度在0.2～0.5m之间，平均裂缝宽度小于2mm。

    2 中度应为主要裂缝块度小于0.2m，平均裂缝宽度在2～5mm之间。

    3 重度应为主要裂缝块度小于0.2m，平均裂缝宽度大于5mm。

5.2.2 块状裂缝应按面积计算，损坏程度应按下列标准判断：

    1 轻度应为主要裂缝块度大于1.0m，平均裂缝宽度在1～2mm之间。

    2 重度应为主要裂缝块度在0.5～1.0m之间，平均裂缝宽度大于2mm。

5.2.3 纵向裂缝应是路面上与行车方向基本平行的裂缝，应按长度（m）计算。检测结果应用影响宽度（0.2m）换算成损坏面积。损坏程度应按下列标准判断：

    1 轻度应为主要裂缝宽度小于或等于3mm。

    2 重度应为主要裂缝宽度大于3mm。

5.2.4 横向裂缝应是路面上与行车方向基本垂直的裂缝，应按长度（m）计算。检测结果应用影响宽度（0.2m）换算成损坏面积。损坏程度应按下列标准判断：

    1 轻度应为主要裂缝宽度小于或等于3mm。

    2 重度应为主要裂缝宽度大于3mm。

5.2.5 沉陷应为路面的局部下沉，应按面积计算。损坏程度应按下列标准判断：

    1 轻度应为沉陷深度在10～25mm之间，行车无明显颠簸感。

    2 重度应为沉陷深度大于25mm，行车有明显颠簸感。

5.2.6 车辙应按长度（m）计算，检测结果应用影响宽度（0.4m）换算成损坏面积。损坏程度应按下列标准判断：

1 轻度应为车辙深度在 10～15mm 之间。

2 重度应为车辙深度大于 15mm。

5.2.7 波浪拥包应按面积计算，损坏程度应按下列标准判断：

1 轻度应为波峰波谷高差在 10～25mm 之间。

2 重度应为波峰波谷高差大于 25mm。

5.2.8 坑槽应按面积计算，损坏程度应按下列标准判断：

1 轻度应为坑槽深度小于 25mm，或面积小于 0.1m²。

2 重度应为坑槽深度大于或等于 25mm，或面积大于或等于 0.1m²。

5.2.9 松散应按面积计算，损坏程度应按下列标准判断：

1 轻度应为路面表面细集料散失、脱皮、麻面等。

2 重度应为路面表面粗集料散失、脱皮、麻面、露骨、表面剥落。

5.2.10 泛油应为沥青路面表面出现的薄油层，损坏应按面积计算。

5.2.11 修补应为裂缝、坑槽、松散、沉陷、车辙等损坏的修复。块状修补应按面积计算，条状修补应按长度（m）乘以 0.2m 影响宽度计算。长度大于 5m 的整车道修复不计为路面修补损坏。修补范围内再次发生的损坏，应按新的损坏类型计算。

5.3 水泥混凝土路面

5.3.1 破碎板应按板块面积计算，损坏程度应按下列标准判断：

1 轻度应为板块被裂缝分为 3 块及以上，破碎板未发生松动和沉陷。

2 重度应为板块被裂缝分为 3 块及以上，破碎板有松动、沉陷和唧泥等现象。

5.3.2 裂缝应为板块上只有一条裂缝的情况，应按长度（m）计算。检测结果应用影响宽度（1.0m）换算成损坏面积。损坏程度应按下列标准判断：

1 轻度应为主要裂缝宽度小于 3mm，一般为未贯通裂缝。

2 中度应为主要裂缝宽度在 3～10mm 之间。

3 重度应为主要裂缝宽度大于 10mm。

5.3.3 板角断裂应为裂缝与纵横接缝相交，且交点距板角小于或等于板边长度一半的损坏，应按断裂板角的面积计算。损坏程度应按下列标准判断：

　　1　轻度应为主要裂缝宽度小于3mm。
　　2　中度应为主要裂缝宽度在3~10mm之间。
　　3　重度应为主要裂缝宽度大于10mm。

　　5.3.4　错台应为接缝两边出现的高差，应按长度（m）计算。检测结果应用影响宽度（1.0m）换算成损坏面积。损坏程度应按下列标准判断：
　　1　轻度应为接缝两侧高差在5~10mm之间。
　　2　重度应为接缝两侧高差大于10mm。

　　5.3.5　拱起应为横缝两侧板体高度大于10mm的抬高，损坏应按拱起涉及板块的面积计算。

　　5.3.6　边角剥落应为沿接缝方向板边上出现的碎裂和脱落，裂缝面与板面成一定角度，应按长度（m）计算。检测结果应用影响宽度（1.0m）换算成损坏面积。损坏程度应按下列标准判断：
　　1　轻度应为板边上的碎裂和脱落。
　　2　中度应为板边上的碎裂和脱落，接缝附近水泥混凝土有开裂。
　　3　重度应为板边上的碎裂和脱落，接缝附近水泥混凝土多处开裂，开裂深度超过接缝槽底部。

　　5.3.7　接缝料损坏应按长度（m）计算，检测结果应用影响宽度（1.0m）换算成损坏面积。损坏程度应按下列标准判断：
　　1　轻度应为填料老化、不密水，尚未剥落脱空，未被砂、石、土等填塞。
　　2　重度应为三分之一以上接缝出现空缝或被砂、石、土填塞。

　　5.3.8　坑洞应为板面出现直径大于30mm、深度大于10mm的坑槽，损坏应按坑洞或坑洞群的包络面积计算。

　　5.3.9　唧泥应为板块接缝处有基层泥浆涌出，损坏应按长度（m）计算。检测结果应用影响宽度（1.0m）换算成损坏面积。

　　5.3.10　露骨应为板块表面细集料散失、粗集料暴露或表层松疏剥落，损坏应按面积计算。

　　5.3.11　修补应为裂缝、板角断裂、边角剥落和坑洞等损坏的修复。块状修补应按面积计算，裂缝类的条状修补应按长度（m）乘以0.2m影响宽度计算。长度大于5m的整车道修复不计为路面修补损坏。修补范围内再次发生的损坏，应按新的损坏类型计算。

5.4 沿线设施

5.4.1 防护设施缺损应为防护设施（防撞护栏、防落网、声屏障、中央分隔带活动护栏和防眩板等）缺失、损坏或损坏修复后达不到技术要求。损坏应按处计算，损坏程度应按下列标准判断：

    1   轻度应为缺损长度小于或等于4m。

    2   重度应为缺损长度大于4m。

5.4.2 隔离栅损坏应为隔离栅破损或损坏修复后达不到技术要求，损坏应按处计算。

5.4.3 标志缺损应为各种交通标志（指示标志、警告标志、禁令标志、里程牌、轮廓标、百米标等）残缺、位置不当或尺寸不规范、颜色不鲜明、污染，可变信息板故障等。损坏应按处计算，其中轮廓标和百米标应每3个损坏算1处，累计损坏不足3个应按1处计算。

5.4.4 标线缺损应为标线（含突起路标）缺失或损坏，损坏应按长度（m）计算。累计长度不足10m应按10m计算，评定时不应考虑车道数量的影响。

5.4.5 绿化管护不善应为树木和花草等枯萎或缺失，绿化带未及时修剪或有杂物，路段应绿化未绿化。损坏应按长度（m）计算，累计长度不足10m应按10m计算。

6 公路技术状况检测与调查

6.1 一般规定

6.1.1 公路技术状况检测与调查应包括路基、路面、桥隧构造物和沿线设施四部分内容。路面检测与调查应包括路面损坏、路面平整度、路面车辙、路面跳车、路面磨耗、路面抗滑性能和路面结构强度七项内容。

6.1.2 公路技术状况检测与调查应以1 000m 路段长度为基本检测（或调查）单元。在路面类型、交通量、路面宽度和养管单位等变化处，检测（或调查）单元的长度可不受此规定限制。

6.1.3 公路技术状况检测与调查应按上行（桩号递增方向）和下行（桩号递减方向）两个方向分别实施，二、三、四级公路可不分上下行检测与调查。

6.1.4 公路技术状况检测与调查的频率应按表6.1.4 的规定执行。

表 6.1.4 公路技术状况检测与调查频率

检测与调查内容		沥 青 路 面		水泥混凝土路面	
		高速、一级公路	二、三、四级公路	高速、一级公路	二、三、四级公路
路面 PQI	路面损坏	1 年 1 次	1 年 1 次	1 年 1 次	1 年 1 次
	路面平整度	1 年 1 次	1 年 1 次	1 年 1 次	1 年 1 次
	路面车辙	1 年 1 次			
	路面跳车	1 年 1 次		1 年 1 次	
	路面磨耗	1 年 1 次		1 年 1 次	
	路面抗滑性能	2 年 1 次		2 年 1 次	
	路面结构强度	抽样检测	抽样检测		
路基 SCI		1 年 1 次			
桥隧构造物 BCI		按现行标准规范的有关规定执行			
沿线设施 TCI		1 年 1 次			

注：1. 路面结构强度为抽样检测指标，抽样检测的路线或路段应按路面养护管理需要确定，最低抽样比例不得低于公路网列养里程的 20%。

2. 路面磨耗和路面抗滑性能为二选一指标，在检测与调查中可二选一。

6.1.5 不具备自动化检测条件的路线或路段可采用人工调查方式，人工调查宜采用便携设备。

6.2 路基技术状况检测与调查

6.2.1 路基技术状况可采用人工调查或自动化检测方式。

6.2.2 路基技术状况应按本标准第 5.1 节规定的损坏类型调查。路基损坏调查表的格式见本标准附录 A 表 A-1。

6.3 路面技术状况自动化检测

6.3.1 路面技术状况自动化检测指标应包括路面破损率 DR、国际平整度指数 IRI、路面车辙深度 RD、路面跳车 PB、路面构造深度 MPD、横向力系数 SFC 和路面弯沉 l。其中，路面构造深度 MPD 和横向力系数 SFC 应为二选一指标。

6.3.2 路面技术状况自动化检测应符合现行《多功能路况快速检测设备》（GB/T 26764）和《公路路面技术状况自动化检测规程》（JTG/T E61）的规定。

6.3.3 路面技术状况检测应采用自动化检测设备。每个检测方向应至少检测一个主要行车道。二、三、四级公路的路面技术状况检测宜选择技术状况相对较差的方向。

6.3.4 路面损坏自动化检测应满足下列要求：
1 检测指标应为路面破损率 DR，每 10m 应计算 1 个统计值。
2 路面损坏应纵向连续检测，横向检测宽度不应小于车道宽度的 70%。检测设备应能分辨约 1mm 的路面裂缝，检测数据宜采用机器自动识别，识别准确率应达到 90% 以上，高速公路宜采用 95% 以上的识别准确率。

6.3.5 路面平整度自动化检测应满足下列要求：
1 应采用断面类检测设备。
2 检测指标应为国际平整度指数 IRI，每 10m 应计算 1 个统计值。
3 超出设备有效速度或有效加速度范围的检测数据应为无效数据。

6.3.6 路面车辙自动化检测应满足下列要求：
1 应采用断面类检测设备。
2 检测指标应为路面车辙深度 RD，每 10m 应计算 1 个统计值。
3 当横断面数据出现异常或横断面数据不完整时，该检测断面应为无效数据。

6.3.7 路面跳车自动化检测应满足下列要求：

1 应采用断面类检测设备。

2 检测指标应为路面跳车 PB，路面跳车 PB 应按处计算，每 10m 应计算 1 个统计值，计算方法见本标准附录 B。

6.3.8 路面磨耗自动化检测应满足下列要求：

1 应采用断面类检测设备。

2 检测位置应为车道的左轮迹带、右轮迹带和无磨损的车道中线或同质路肩。

3 检测指标应为路面构造深度 MPD，每 10m 应计算 1 个统计值。

6.3.9 路面抗滑性能自动化检测应满足下列要求：

1 应采用横向力系数检测设备或其他具有有效相关关系的自动化检测设备，相关系数不应小于 0.95。

2 检测指标应为横向力系数 SFC，每 10m 应计算 1 个统计值。

6.3.10 路面结构强度自动化检测应满足下列要求：

1 应采用与贝克曼梁具有有效相关关系的高效自动化弯沉检测设备，相关系数不应小于 0.95。

2 检测指标应为路面弯沉 l，每 20m 应计算 1 个统计值。

3 路面弯沉检测应满足现行《公路路基路面现场测试规程》（JTG E60）的规定。

6.4 路面技术状况人工调查

6.4.1 路面损坏人工调查应满足下列要求：

1 人工调查的路面损坏类型应满足本标准第 5.2 节和第 5.3 节的规定。同一位置存在多类路面损坏时，应计权重最大的损坏。

2 各类路面损坏应以 100m 为单位，按损坏程度，每 100m 计 1 个损坏，每一个调查单元计算 1 个累计损坏面积。

3 路面损坏人工调查应包含所有行车道，紧急停车带应按路肩处理。沥青路面和水泥混凝土路面损坏调查表的格式见本标准附录 A 表 A-2、表 A-3。

6.4.2 路面结构强度人工调查应满足下列要求：

1 应采用贝克曼梁。

2 检测指标应为路面弯沉 l。

3 检测方法应满足现行《公路路基路面现场测试规程》（JTG E60）的规定。

6.5 桥隧构造物技术状况检测与调查

6.5.1 桥隧构造物技术状况可采用人工调查或自动化检测方式。

6.5.2 桥梁技术状况检测与调查应满足现行《公路桥梁技术状况评定标准》（JTG/T H21）的规定。隧道技术状况检测与调查应满足现行《公路隧道养护技术规范》（JTG H12）的规定。涵洞技术状况检测与调查应满足现行《公路桥涵养护规范》（JTG H11）的规定。

6.5.3 桥隧构造物损坏调查表的格式见本标准附录 A 表 A-4。

6.6 沿线设施技术状况检测与调查

6.6.1 沿线设施技术状况可采用人工调查或自动化检测方式。

6.6.2 沿线设施技术状况损坏类型应满足本标准第 5.4 节的规定。

6.6.3 沿线设施损坏调查表的格式见本标准附录 A 表 A-5。

7　公路技术状况评定

7.1　一般规定

7.1.1　公路技术状况评定应以1000m路段长度为基本评定单元。在路面类型、交通量、路面宽度和养管单位等变化处，评定单元的长度可不受此规定限制。

7.1.2　公路技术状况评定应计算优等路率、优良路率和次差路率三项统计指标。

7.1.3　公路技术状况评定明细表的格式见本标准附录A表A-6。公路技术状况评定汇总表的格式见本标准附录A表A-7。路面技术状况评定汇总表的格式见本标准附录A表A-8。

7.2　公路技术状况（MQI）评定

7.2.1　公路技术状况应采用公路技术状况指数MQI评定。MQI应按式（7.2.1）计算：

$$MQI = w_{SCI}SCI + w_{PQI}PQI + w_{BCI}BCI + w_{TCI}TCI \qquad (7.2.1)$$

式中：w_{SCI}——SCI在MQI中的权重，取值为0.08；

w_{PQI}——PQI在MQI中的权重，取值为0.70；

w_{BCI}——BCI在MQI中的权重，取值为0.12；

w_{TCI}——TCI在MQI中的权重，取值为0.10。

7.2.2　对长度小于或大于1000m的非整千米评定单元，除PQI外，SCI、BCI和TCI三项指标的实际扣分应换算成基本评定单元的扣分［实际扣分×基本评定单元长度（1000m)/实际评定单元长度］。桥隧构造物评价结果（BCI）应计入桥隧构造物所属评定单元。

7.2.3　存在5类桥梁、5类隧道、危险涵洞及影响交通安全的重度边坡坍塌的评定单元，MQI值应取0。

7.2.4　路线公路技术状况评定时，应采用路线内所有评定单元MQI的算术平均值作为该路线的MQI。

7.2.5 公路网公路技术状况评定时，应采用公路网内所有路线 MQI 的长度加权平均值作为该公路网的 MQI。

7.2.6 MQI 及各级分项指标评价结果应保留两位小数。

7.3 路基技术状况（SCI）评定

7.3.1 路基技术状况应采用路基技术状况指数 SCI 评定。SCI 应按式（7.3.1）计算：

$$\text{SCI} = \sum_{i=1}^{i_0} w_i (100 - \text{GD}_{i\text{SCI}}) \qquad (7.3.1)$$

式中：$\text{GD}_{i\text{SCI}}$——第 i 类路基损坏的累计扣分，最高扣分为 100，按表 7.3.1 的规定计算；

w_i——第 i 类路基损坏的权重，按表 7.3.1 的规定取值；

i——路基损坏类型；

i_0——路基损坏类型总数，取 7。

表 7.3.1 路基损坏扣分标准

类型 i	损坏名称	损坏程度	计量单位	单位扣分	权重 w_i	备 注
1	路肩损坏	轻	m²	1	0.10	
		重		2		
2	边坡坍塌	轻	处	20	0.25	边坡坍塌为重度且影响交通安全时，该评定单元的 MQI 值应取 0
		中		50		
		重		100		
3	水毁冲沟	轻	处	20	0.15	
		中		30		
		重		50		
4	路基构造物损坏	轻	处	20	0.10	路基构造物损坏为重度时，该评定单元的 SCI 值应取 0
		中		50		
		重		100		
5	路缘石缺损		m	4	0.05	
6	路基沉降	轻	处	20	0.25	
		中		30		
		重		50		
7	排水不畅	轻	处	20	0.10	
		中		50		
		重		100		

7.4 路面技术状况（PQI）评定

7.4.1 沥青路面技术状况评定应包括路面损坏、路面平整度、路面车辙、路面跳车、路面磨耗、路面抗滑性能和路面结构强度七项内容。

7.4.2 水泥混凝土路面技术状况评定应包括路面损坏、路面平整度、路面跳车、路面磨耗和路面抗滑性能五项内容。有刻槽的水泥混凝土路面不应作路面磨耗评定。

7.4.3 路面技术状况应采用路面技术状况指数 PQI 评定。PQI 应按式（7.4.3）计算：

$$PQI = w_{PCI}PCI + w_{RQI}RQI + w_{RDI}RDI + w_{PBI}PBI + w_{PWI}PWI + w_{SRI}SRI + w_{PSSI}PSSI$$

$$(7.4.3)$$

式中：w_{PCI}——PCI 在 PQI 中的权重，按表 7.4.3 的规定取值；

$\quad\quad w_{RQI}$——RQI 在 PQI 中的权重，按表 7.4.3 的规定取值；

$\quad\quad w_{RDI}$——RDI 在 PQI 中的权重，按表 7.4.3 的规定取值；

$\quad\quad w_{PBI}$——PBI 在 PQI 中的权重，按表 7.4.3 的规定取值；

$\quad\quad w_{PWI}$——PWI 在 PQI 中的权重，按表 7.4.3 的规定取值；

$\quad\quad w_{SRI}$——SRI 在 PQI 中的权重，按表 7.4.3 的规定取值；

$\quad\quad w_{PSSI}$——PSSI 在 PQI 中的权重，按表 7.4.3 的规定取值。

表 7.4.3　PQI 各分项指标权重

路面类型	权重	高速公路、一级公路	二、三、四级公路
沥青路面	w_{PCI}	0.35	0.60
	w_{RQI}	0.30	0.40
	w_{RDI}	0.15	—
	w_{PBI}	0.10	—
	$w_{SRI(PWI)}$	0.10	—
	w_{PSSI}	—	—
水泥混凝土路面	w_{PCI}	0.50	0.60
	w_{RQI}	0.30	0.40
	w_{PBI}	0.10	—
	$w_{SRI(PWI)}$	0.10	—

注：采用式（7.4.3）计算 PQI 时，路面抗滑性能指数 SRI 和路面磨耗指数 PWI 应二者取一。

7.4.4 路面结构强度指数 PSSI 应依据抽检数据单独评定，不参与 PQI 计算。

7.4.5 路面损坏状况指数 PCI 应按式（7.4.5-1）和式（7.4.5-2）计算：

$$PCI = 100 - a_0 DR^{a_1} \tag{7.4.5-1}$$

$$DR = 100 \times \frac{\sum\limits_{i=1}^{i_0} w_i A_i}{A} \tag{7.4.5-2}$$

式中：DR——路面破损率（%）；

a_0——沥青路面采用15.00，水泥混凝土路面采用10.66；

a_1——沥青路面采用0.412，水泥混凝土路面采用0.461；

A_i——第i类路面损坏的累计面积（m²）；

A——路面检测或调查面积（m²）；

w_i——第i类路面损坏的权重或换算系数，见表7.4.5-1、表7.4.5-2；

i——路面损坏类型，包括损坏程度（轻、中、重）；

i_0——损坏类型总数，沥青路面取21，水泥混凝土路面取20。

表7.4.5-1 沥青路面损坏类型、权重及换算系数

类型i	损坏名称	损坏程度	计量单位（m²）	权重w_i（人工调查）	换算系数w_i（自动化检测）
1	龟裂	轻	面积	0.6	1.0
2		中		0.8	
3		重		1.0	
4	块状裂缝	轻	面积	0.6	1.0
5		重		0.8	
6	纵向裂缝	轻	长度×0.2m	0.6	2.0
7		重		1.0	
8	横向裂缝	轻	长度×0.2m	0.6	2.0
9		重		1.0	
10	沉陷	轻	面积	0.6	1.0
11		重		1.0	
12	车辙	轻	长度×0.4m	0.6	—
13		重		1.0	
14	波浪拥包	轻	面积	0.6	1.0
15		重		1.0	
16	坑槽	轻	面积	0.8	1.0
17		重		1.0	
18	松散	轻	面积	0.6	1.0
19		重		1.0	
20	泛油		面积	0.2	0.2
21	修补		面积或长度×0.2m	0.1	0.1（0.2）

注：1. 人工调查时，应将条状修补的调查长度（m）乘以影响宽度（0.2m）换算成面积。

2. 自动化检测时，块状修补的换算系数w_i为0.1，条状修补的换算系数w_i为0.2。

表7.4.5-2　水泥混凝土路面损坏类型、权重及换算系数

类型 i	损坏名称	损坏程度	计量单位（m²）	权重 w_i（人工调查）	换算系数 w_i（自动化检测）
1	破碎板	轻	面积	0.8	1.0
2		重		1.0	
3	裂缝	轻	长度×1.0m	0.6	10
4		中		0.8	
5		重		1.0	
6	板角断裂	轻	面积	0.6	1.0
7		中		0.8	
8		重		1.0	
9	错台	轻	长度×1.0m	0.6	10
10		重		1.0	
11	拱起		面积	1.0	1.0
12	边角剥落	轻	长度×1.0m	0.6	10
13		中		0.8	
14		重		1.0	
15	接缝料损坏	轻	长度×1.0m	0.4	6
16		重		0.6	
17	坑洞		面积	1.0	1.0
18	唧泥		长度×1.0m	1.0	10
19	露骨		面积	0.3	0.3
20	修补		面积或长度×0.2m	0.1	0.1（0.2）

注：1. 人工调查时，应将条状修补的调查长度（m）乘以影响宽度（0.2m）换算成面积。
　　2. 自动化检测时，块状修补的换算系数 w_i 为0.1，条状修补的换算系数 w_i 为0.2。

7.4.6　自动化检测时，A_i 应按式（7.4.6）计算：

$$A_i = 0.01 \times GN_i \tag{7.4.6}$$

式中：GN_i——含有第 i 类路面损坏的网格数；
　　0.01——面积换算系数，一个网格的标准尺寸为0.1m×0.1m。

7.4.7　路面行驶质量指数 RQI 应按式（7.4.7）计算：

$$RQI = \frac{100}{1 + a_0 e^{a_1 IRI}} \tag{7.4.7}$$

式中：IRI——国际平整度指数（m/km）；
　　a_0——高速公路和一级公路采用0.026，其他等级公路采用0.0185；
　　a_1——高速公路和一级公路采用0.65，其他等级公路采用0.58。

7.4.8 路面车辙深度指数 RDI 应按式（7.4.8）计算：

$$RDI = \begin{cases} 100 - a_0 RD & (RD \leq RD_a) \\ 90 - a_1(RD - RD_a) & (RD_a < RD \leq RD_b) \\ 0 & (RD > RD_b) \end{cases} \quad (7.4.8)$$

式中：RD——车辙深度（mm）；

RD_a——车辙深度参数，采用 10.0；

RD_b——车辙深度参数，采用 40.0；

a_0——模型参数，采用 1.0；

a_1——模型参数，采用 3.0。

7.4.9 路面跳车指数 PBI 应按式（7.4.9）计算：

$$PBI = 100 - \sum_{i=1}^{i_0} a_i PB_i \quad (7.4.9)$$

式中：PB_i——第 i 类程度的路面跳车；

a_i——第 i 类程度的路面跳车单位扣分，按表 7.4.9 的规定取值；

i——路面跳车类型；

i_0——路面跳车类型总数，取 3。

表 7.4.9　路面跳车扣分标准

类型 i	跳车程度	计量单位	单位扣分
1	轻度	处	0
2	中度		25
3	重度		50

7.4.10 路面磨耗指数 PWI 应按式（7.4.10-1）和式（7.4.10-2）计算：

$$PWI = 100 - a_0 WR^{a_1} \quad (7.4.10-1)$$

$$WR = 100 \times \frac{MPD_C - \min\{MPD_L, MPD_R\}}{MPD_C} \quad (7.4.10-2)$$

式中：WR——路面磨耗率（%）；

a_0——模型参数，采用 1.696；

a_1——模型参数，采用 0.785；

MPD_C——路面构造深度基准值，采用无磨损的车道中线路面构造深度（mm）；

MPD_L——左轮迹带的路面构造深度（mm）；

MPD_R——右轮迹带的路面构造深度（mm）。

7.4.11 路面抗滑性能指数 SRI 应按式（7.4.11）计算：

$$\mathrm{SRI} = \frac{100 - \mathrm{SRI_{min}}}{1 + a_0 \mathrm{e}^{a_1 \mathrm{SFC}}} + \mathrm{SRI_{min}} \tag{7.4.11}$$

式中：SFC——横向力系数；

$\quad$ $\mathrm{SRI_{min}}$——标定参数，采用 35.0；

$\quad$ a_0——模型参数，采用 28.6；

$\quad$ a_1——模型参数，采用 -0.105。

7.4.12 路面结构强度指数 PSSI 应按式 (7.4.12-1) 和式 (7.4.12-2) 计算：

$$\mathrm{PSSI} = \frac{100}{1 + a_0 \mathrm{e}^{a_1 \mathrm{SSR}}} \tag{7.4.12-1}$$

$$\mathrm{SSR} = \frac{l_0}{l} \tag{7.4.12-2}$$

式中：SSR ——路面结构强度系数（Pavement Structure Strength Ratio），为路面弯沉标准值与路面实测代表弯沉之比；

$\quad$ l_0——路面弯沉标准值（0.01mm），路面弯沉标准值计算方法见本标准附录 C；

$\quad$ l——路面实测代表弯沉（0.01mm）；

$\quad$ a_0——模型参数，采用 15.71；

$\quad$ a_1——模型参数，采用 -5.19。

7.5 桥隧构造物技术状况（BCI）评定

7.5.1 桥隧构造物技术状况应采用桥隧构造物技术状况指数 BCI 评定。BCI 应按式 (7.5.1) 计算：

$$\mathrm{BCI} = \min(100 - \mathrm{GD}_{i\mathrm{BCI}}) \tag{7.5.1}$$

式中：$\mathrm{GD}_{i\mathrm{BCI}}$——第 i 类构造物的累计扣分，最高扣分为 100，按表 7.5.1 的规定取值；

$\quad$ i——构造物类型（桥梁、隧道、涵洞），共 3 类。

表 7.5.1　桥隧构造物扣分标准

类型 i	构造物名称	评定等级	计量单位	单位扣分	备注
1	桥梁	1	座	0	采用现行《公路桥梁技术状况评定标准》（JTG/T H21）的评定方法，5 类桥梁所属评定单元的 MQI 值应取 0
		2		10	
		3		40	
		4		70	
		5		100	

续表7.5.1

类型 i	构造物名称	评定等级	计量单位	单位扣分	备 注
2	隧道	1	座	0	采用现行《公路隧道养护技术规范》（JTG H12）的评定方法，5类隧道所属评定单元的MQI值应取0
		2		10	
		3		40	
		4		70	
		5		100	
3	涵洞	好	道	0	采用现行《公路桥涵养护规范》（JTG H11）的评定方法，危险涵洞所属评定单元的MQI值应取0
		较好		10	
		较差		40	
		差		70	
		危险		100	

7.5.2 不含桥隧构造物的评定单元，BCI值应取100。

7.6 沿线设施技术状况（TCI）评定

7.6.1 沿线设施技术状况应采用沿线设施技术状况指数TCI评定。TCI应按式（7.6.1）计算：

$$TCI = \sum_{i=1}^{i_0} w_i (100 - GD_{iTCI}) \qquad (7.6.1)$$

式中：GD_{iTCI}——第 i 类设施损坏的累计扣分，最高扣分为100，按表7.6.1的规定取值；

w_i——第 i 类设施损坏的权重，按表7.6.1的规定取值；

i——沿线设施损坏类型；

i_0——沿线设施损坏类型总数，取5。

表7.6.1 沿线设施扣分标准

类型 i	损坏名称	损坏程度	计量单位	单位扣分	权重 w_i	备 注
1	防护设施缺损	轻	处	10	0.25	
		重		30		
2	隔离栅损坏		处	20	0.10	
3	标志缺损		处	20	0.25	
4	标线缺损		m	0.1	0.20	每10m扣1分，不足10m计10m
5	绿化管护不善		m	0.1	0.20	

附录 A 公路技术状况调查及评定表

表 A-1 路基损坏调查表

调查时间： 调查人员：

路线编码名称：			调查方向：		起点桩号：		单元长度：		路面宽度：							
损坏类型	程度	单位扣分	权重 w_i	单位	百米损坏										累计损坏
					1	2	3	4	5	6	7	8	9	10	
路肩损坏	轻	1	0.10	m²											
	重	2													
边坡坍塌	轻	20	0.25	处											
	中	50													
	重	100													
水毁冲沟	轻	20	0.15	处											
	中	30													
	重	50													
路基构造物损坏	轻	20	0.10	处											
	中	50													
	重	100													
路缘石缺损		4	0.05	m											
路基沉降	轻	20	0.25	处											
	中	30													
	重	50													
排水不畅	轻	20	0.10	处											
	中	50													
	重	100													

表 A-2 沥青路面损坏调查表

调查时间： 调查人员：

路线编码名称：		调查方向：		起点桩号：	单元长度：	路面宽度：								
损坏类型	程度	权重 w_i	单位	百米损坏										累计损坏
				1	2	3	4	5	6	7	8	9	10	
龟裂	轻	0.6	m^2											
	中	0.8												
	重	1.0												
块状裂缝	轻	0.6	m^2											
	重	0.8												
纵向裂缝	轻	0.6	m											
	重	1.0												
横向裂缝	轻	0.6	m											
	重	1.0												
沉陷	轻	0.6	m^2											
	重	1.0												
车辙	轻	0.6	m											
	重	1.0												
波浪拥包	轻	0.6	m^2											
	重	1.0												
坑槽	轻	0.8	m^2											
	重	1.0												
松散	轻	0.6	m^2											
	重	1.0												
泛油		0.2	m^2											
修补		0.1	块状 m^2											
			条状 m											

表 A-3　水泥混凝土路面损坏调查表

调查时间：　　　　　　　　调查人员：

路线编码名称：			调查方向：	起点桩号：					单元长度：				路面宽度：	
损坏类型	程度	权重 w_i	单位	百米损坏										累计损坏
				1	2	3	4	5	6	7	8	9	10	
破碎板	轻	0.8	m²											
	重	1.0												
裂缝	轻	0.6	m											
	中	0.8												
	重	1.0												
板角断裂	轻	0.6	m²											
	中	0.8												
	重	1.0												
错台	轻	0.6	m											
	重	1.0												
拱起		1.0	m²											
边角剥落	轻	0.6	m											
	中	0.8												
	重	1.0												
接缝料损坏	轻	0.4	m											
	重	0.6												
坑洞		1.0	m²											
唧泥		1.0	m											
露骨		0.3	m²											
修补		0.1	块状 m²											
			条状 m											

表 A-4　桥隧构造物损坏调查表

调查时间：　　　　　　　　调查人员：

路线编码名称：		调查方向：		起点桩号：　　单元长度：　　路面宽度：											
构造物类型	评定等级	单位扣分	单位	百米损坏										累计损坏
				1	2	3	4	5	6	7	8	9	10	
桥梁	1	0	座											
	2	10												
	3	40												
	4	70												
	5	100												
隧道	1	0	座											
	2	10												
	3	40												
	4	70												
	5	100												
涵洞	好	0	道											
	较好	10												
	较差	40												
	差	70												
	危险	100												

表 A-5　沿线设施损坏调查表

调查时间：　　　　　　　　调查人员：

路线编码名称：		调查方向：		起点桩号：　　单元长度：　　路面宽度：											
损坏类型	程度	单位扣分	权重 w_i	单位	百米损坏										累计损坏
					1	2	3	4	5	6	7	8	9	10	
防护设施缺损	轻	10	0.25	处											
	重	30													
隔离栅损坏		20	0.10	处											
标志缺损		20	0.25	处											
标线缺损		0.1	0.20	m											
绿化管护不善		0.1	0.20	m											

表 A-6　公路技术状况评定明细表

所属政区：　　路线编码名称：　技术等级：　路面类型：　检测方向：　　年　月　日

起点桩号	评定单元长度（m）	MQI	SCI	PQI	PQI 分项指标							BCI	TCI
					PCI	RQI	RDI	PBI	PWI	SRI	PSSI		
合计													

表 A-7 公路技术状况评定汇总表

所属政区：　　　　　　　　　主管单位：　　　　　　　　　年　月　日

路线编码	路线名称	起点桩号	评定长度（km）	调查方向	技术等级	路面类型	MQI	MQI 分项指标评定结果				MQI 分布（km）					MQI 统计（%）		
								SCI	PQI	BCI	TCI	优	良	中	次	差	优等路率	优良路率	次差路率
				全幅															
				上行															
				下行															
合计																			

第　　页　总　　页

表 A-8 路面技术状况评定汇总表

所属政区：　　　　　　　　主管单位：　　　　　　　　　年　月　日

路线编码	路线名称	起点桩号	评定长度（km）	调查方向	技术等级	路面类型	PQI	PQI 分项指标评定结果							PQI 分布（km）					PQI 统计（%）		
								PCI	RQI	RDI	PBI	PWI	SRI	PSSI	优	良	中	次	差	优等路率	优良路率	次差路率
				全幅																		
				上行																		
				下行																		
合计																						

第　页　总　页

附录 B 路面跳车计算方法

B. 0. 1 路面跳车应根据路面纵断面高差确定。路面纵断面高差应按式（B. 0. 1）计算：

$$\Delta h = \max\{h_1, h_2, \cdots, h_i, \cdots h_{100}\} - \min\{h_1, h_2, \cdots, h_i, \cdots h_{100}\} \quad\quad (B. 0. 1)$$

式中：Δh ——路面纵断面高差（cm），应为 10m 路面纵断面最大高程和最小高程之差；

h_i ——第 i 点的路面纵断面高程；

i ——第 i 个路面纵断面高程数据，应为自动化设备检测数据，每 0.1m 计 1 个高程，10m 路面纵断面共计 100 个高程数据。

B. 0. 2 路面跳车应按表 B. 0. 2 的规定划分跳车程度。

表 B. 0. 2 路面跳车程度划分标准

检 测 指 标	轻度	中度	重度
路面纵断面高差 Δh（cm）	≥2，<5	≥5，<8	≥8

B. 0. 3 路面跳车应按处计算。若 10m 路面纵断面存在轻度、中度或重度的路面跳车，则该 10m 路面纵断面应计为 1 处路面跳车。

附录 C　路面弯沉标准值计算方法

C.0.1　路面弯沉标准值应根据公路技术等级、累计标准当量轴次、路面面层类型和路面结构类型等因素确定，按式（C.0.1）计算：

$$l_0 = 600 N_e^{-0.2} A_c A_s A_b \qquad (C.0.1)$$

式中：l_0——路面弯沉标准值（$0.01\,\mathrm{mm}$）；

　　　N_e——新改建沥青路面结构设计使用年限或沥青路面结构性修复设计年限内设计车道上的当量设计轴载累计作用次数（次）；

　　　A_c——公路技术等级系数，高速公路和一级公路取 1.0，二级公路取 1.1，三级和四级公路取 1.2；

　　　A_s——路面面层类型系数，沥青混凝土面层取 1.0，热拌和冷拌沥青碎石、沥青贯入式路面（含上拌下贯式路面）及沥青表面处治取 1.1；

　　　A_b——路面结构类型系数，半刚性基层沥青路面取 1.0，柔性基层沥青路面取 1.6。

C.0.2　累计当量轴次 N_e 应按式（C.0.2）计算：

$$N_e = \frac{\left[(1+\gamma)^t - 1\right] \times 365}{\gamma} N_1 \qquad (C.0.2)$$

式中：N_1——初始年设计车道日平均当量轴次（次/d）；

　　　t——新改建沥青路面结构设计使用年限或沥青路面结构性修复设计年限（年）；

　　　γ——新改建沥青路面结构设计使用年限或沥青路面结构性修复设计年限内交通量的年平均增长率。

C.0.3　新改建沥青路面结构设计使用年限应根据设计文件确定。当无设计文件时，新建沥青路面结构设计使用年限不应低于表 C.0.3 的规定，应根据公路等级、经济、交通荷载等级等因素综合确定。改建路面结构设计可根据工程实际情况选取适宜的设计使用年限。

表 C.0.3　公路沥青路面结构设计使用年限

公 路 等 级	设计使用年限（年）	公 路 等 级	设计使用年限（年）
高速公路、一级公路	15	三级公路	10
二级公路	12	四级公路	8

C.0.4 公路沥青路面结构性修复设计年限应根据设计文件确定。当无设计文件时，应参考表 C.0.4 选用，有特殊要求时可适当调整。

表 C.0.4 公路沥青路面结构性修复设计年限

公 路 等 级	设计年限（年）	公 路 等 级	设计年限（年）
高速公路、一级公路	10～15	三级公路	6～10
二级公路	8～12	四级公路	5～8

本标准用词用语说明

1　本标准执行严格程度的用词，采用下列写法：

1）表示很严格，非这样做不可的用词，正面词采用"必须"，反面词采用"严禁"；

2）表示严格，在正常情况下均应这样做的用词，正面词采用"应"，反面词采用"不应"或"不得"；

3）表示允许稍有选择，在条件许可时首先应这样做的用词，正面词采用"宜"，反面词采用"不宜"；

4）表示有选择，在一定条件下可以这样做的用词，采用"可"。

2　引用标准的用语采用下列写法：

1）在标准总则中表述与相关标准的关系时，采用"除应符合本标准的规定外，尚应符合国家和行业现行有关标准的规定"。

2）在标准条文及其他规定中，当引用的标准为国家标准和行业标准时，表述为"应符合《×××××××》（×××）的有关规定"。

3）当引用本标准中的其他规定时，表述为"应符合本标准第×章的有关规定"、"应符合本标准第×.×节的有关规定"、"应符合本标准第×.×.×条的有关规定"或"应按本标准第×.×.×条的有关规定执行"。

《公路技术状况评定标准》

（JTG 5210—2018）

条 文 说 明

1 总 则

1.0.1 本标准属于现行《公路工程标准体系》（JTG 1001）公路养护板块中的检测评价模块。本标准主要用于公路技术状况评定，评定结果可用于公路全资产管理、公路养护科学决策和公路养护全寿命设计。

1.0.2 本标准规定的适用范围为各等级公路，包括高速公路、一级公路、二级公路、三级公路和四级公路。目前我国公路网中沥青路面和水泥混凝土路面占绝大多数，砂石路面占比很低，因此本标准主要针对沥青路面和水泥混凝土路面。

2 术语

2.0.1 公路技术状况指数 MQI 的意义：一是公路技术状况评定的综合技术指标，代表的是一个多层次的指标体系；二是公路资产各主要组成部分技术状况的客观描述；三是公路技术状况等级评定的基础。

2.0.2 为保持与公路技术状况指数 MQI（Highway Maintenance Quality Indicator）英文名称的一致性，本标准将《公路技术状况评定标准》（JTG H20—2007）中的路面使用性能指数 PQI（Pavement Quality or Performance Index）变更为路面技术状况指数 PQI（Pavement Maintenance Quality Index）。

3 公路技术状况评定指标

3.0.1 依据行业的习惯与传统，本标准调整了公路技术状况评定内容的表述顺序，调整后的顺序为路基、路面、桥隧构造物和沿线设施。

3.0.2 根据公路技术状况自动化检测的技术能力、我国公路养护管理的实际需求和国际上公路技术状况指标体系的构成情况，本标准新增了路面跳车指数和路面磨耗指数两项技术指标。

4 公路技术状况评定等级

4.0.1 表4.0.1的"优、良、中、次、差"为公路技术状况的技术等级，表示公路技术状况从好到差的状态。

4.0.2 表4.0.2的"优、良、中、次、差"为路基、路面、桥隧构造物及沿线设施的技术等级。以路面为例，"优"表示路面平整，路面没有或有少量裂缝；"良"表示路面基本平整，有一定数量的裂缝和少量变形类损坏；"中"表示路面平整度不良，路面上有较多的裂缝和变形类损坏；"次、差"表示路面上同时存在功能性损坏和结构性损坏，路面上有大面积的裂缝类、变形类及其他类损坏。路面结构性修复、功能性修复及预防性养护方案，需要统筹考虑路面技术状况、路面结构、养护历史、技术等级、交通轴载、用户费用、资金投入等多方面因素，基于路面管理系统，通过全寿命周期费用分析科学决策。

基于全国多年路面检测数据的研究分析和试验验证，本标准调整了两项路面技术指标的等级划分标准，将高速公路路面损坏状况指数 PCI "优"的等级划分标准调整为 PCI≥92，"良"的等级划分标准调整为 80≤PCI<92，"中、次、差"的等级划分标准保持不变；将水泥混凝土路面行驶质量指数 RQI "优"的等级划分标准调整为 RQI≥88，"良"的等级划分标准调整为 80≤RQI<88，"中、次、差"的等级划分标准保持不变。

5 公路损坏分类

5.1 路基

5.1.4 根据路基构造物损坏对路基技术状况的影响程度，本标准调整了路基构造物损坏程度的划分标准。

5.1.7 根据《公路技术状况评定标准》（JTG H20—2007）的使用情况和专家建议，本标准将《公路技术状况评定标准》（JTG H20—2007）中的排水系统淤塞损坏变更为排水不畅，将排水不畅分为轻、中、重三个程度。

5.2 沥青路面

5.2.1 为便于路面损坏调查和程度划分，本标准取消了《公路技术状况评定标准》（JTG H20—2007）中龟裂损坏关于裂缝区散落、变形等定性规定。

5.2.2 根据《公路技术状况评定标准》（JTG H20—2007）的使用情况，本标准将轻度和重度块状裂缝的裂缝宽度划分标准由3mm调整为2mm。

5.2.8 根据坑槽损坏调查的需要，本标准增加了坑槽深度的规定。

5.2.11 根据《公路技术状况评定标准》（JTG H20—2007）的使用情况，本标准细化了修补的判断标准，规定长度超过5m的整车道路面修复不计为路面修补损坏。

5.3 水泥混凝土路面

5.3.2 本标准取消了《公路技术状况评定标准》（JTG H20—2007）中裂缝剥落和边缘碎裂的定性规定。

根据现行《公路水泥混凝土路面设计规范》（JTG D40）的规定，连续配筋水泥混凝土路面上平均间距不大于1.8m的连续横向裂缝不计为路面损坏。

干缩缝和施工缝不计入路面损坏。

5.3.6 本标准取消了《公路技术状况评定标准》（JTG H20—2007）中边角剥落损坏程度的定性规定。

5.3.11 根据《公路技术状况评定标准》（JTG H20—2007）的使用情况，本标准细化了修补的判断标准，规定长度超过5m的整车道路面修复不计为路面修补损坏。

6 公路技术状况检测与调查

6.1 一般规定

6.1.2 公路技术状况检测与调查的基本检测（或调查）单元为千米路段。在行政等级、技术等级、路面类型、路面宽度、交叉口、出入口和管养单位等变化处可能存在非整千米路段。在非整千米路段处，检测（或调查）单元长度通常为100~1 900m。

6.1.4 本标准规定的检测与调查频率为最低检测与调查频率，有条件的省（区、市）可根据养护管理工作需要，增加部分或全部指标的检测与调查频率。

本标准增加了二、三、四级公路沥青路面的路面结构强度抽样检测规定。

现有条件下，大规模、高频率的路面结构强度检测有技术上的难度，各级公路管理机构或高速公路经营企业应根据路面养护需要，科学规划公路网路面结构强度检测比例和检测路线，准确掌握公路网的路面结构性能，年度最低检测规模不应小于列养里程的20%，每2~5年完成一次整个公路网所有路线路面结构强度的全面检测。

6.1.5 不适宜自动化检测的路线或路段可采用人工调查方式，人工调查宜采用便携设备。便携设备是指具有可现场记录和现场实时无线数据传输功能的便携式装置，包括移动终端等。

6.2 路基技术状况检测与调查

6.2.1 随着路基检测技术的进步，部分路基损坏类型，如路肩损坏、路缘石缺损、路基沉降等可采用自动化设备快速检测。

6.3 路面技术状况自动化检测

6.3.1 路面技术状况自动化检测与评定指标的对应关系见表6-1。

表6-1 路面自动化检测指标与评定指标对应关系

编 号	检 测 指 标	评 定 指 标
1	路面破损率 DR	路面损坏状况指数 PCI
2	国际平整度指数 IRI	路面行驶质量指数 RQI

续表 6-1

编　号	检　测　指　标	评　定　指　标
3	路面车辙深度 RD	路面车辙深度指数 RDI
4	路面跳车 PB	路面跳车指数 PBI
5	路面构造深度 MPD	路面磨耗指数 PWI
6	横向力系数 SFC	路面抗滑性能指数 SRI
7	路面弯沉 l	路面结构强度指数 PSSI

表中：DR——路面破损率（Pavement Distress Ratio）；

　　IRI——国际平整度指数（International Roughness Index）；

　　RD——路面车辙深度（Pavement Rutting Depth）；

　　PB——路面跳车（Pavement Bumping）；

　MPD——路面构造深度（Pavement Mean Profile Depth）；

　SFC——横向力系数（Side-way Force Coefficient）；

　　l——路面弯沉（Pavement Deflection）。

6.3.2 现行《多功能路况快速检测设备》（GB/T 26764）和现行《公路路面技术状况自动化检测规程》（JTG/T E61）对于路面技术状况自动化检测有明确规定，本标准直接引用。

6.3.3 主要行车道是指单车道全幅路面、双向双车道混合行驶的全幅路面、双向双车道分道行驶的上行或下行车道、双向四车道分道行驶的外侧车道、双向六车道分道行驶的中间车道、双向八车道及以上分道行驶的中间两个或多个车道。

6.3.5 根据现行《公路路面技术状况自动化检测规程》（JTG/T E61）的规定，本标准调整了《公路技术状况评定标准》（JTG H20—2007）中的统计长度，规定每10m应计算1个国际平整度指数 IRI 统计值。

6.3.7 为了与其他路面检测指标保持一致，本标准规定路面跳车自动化检测的统计长度为10m。

6.3.8 根据现行《公路路面技术状况自动化检测规程》（JTG/T E61）的规定，本标准规定路面磨耗自动化检测位置为检测车道的左轮迹带、右轮迹带及无磨损的车道中线或同质路肩，MPD 的统计长度为10m。

6.3.9 《公路技术状况评定标准》（JTG H20—2007）中横向力系数 SFC 的统计长度为20m。为与二选一指标路面构造深度 MPD 保持一致，本标准规定横向力系数 SFC 的统计长度为10m。

6.4 路面技术状况人工调查

6.4.1 为避免重复扣分，本标准规定同一位置存在多种路面损坏时，应计最大权重的路面损坏。

根据路面平整度自动化检测技术的普及情况，本标准删除了路面平整度人工检测的有关规定。

6.5 桥隧构造物技术状况检测与调查

6.5.1 随着桥隧构造物检测技术的进步，部分桥隧构造物损坏类型，如桥隧构造物的裂缝深度及宽度、钢筋位置及保护层厚度等均可通过自动化设备检测。

6.5.2 现行《公路桥梁技术状况评定标准》（JTG/T H21）、《公路隧道养护技术规范》（JTG H12）、《公路桥涵养护规范》（JTG H11）对于桥梁、隧道、涵洞的检测与调查有明确规定，本标准直接引用。

6.6 沿线设施技术状况检测与调查

6.6.1 随着沿线设施检测技术的进步，部分沿线设施损坏类型，如防护设施缺损、标志缺损、标线缺损等均可通过自动化设备快速检测。

7 公路技术状况评定

7.1 一般规定

7.1.1 公路技术状况的基本评定单元为千米路段。在行政等级、技术等级、路面类型、路面宽度、交叉口、出入口和管养单位等变化处可能存在非整千米路段。在非整千米路段处，评定单元长度通常为100～1 900m。

7.1.2 根据公路技术状况评定结果统计需要，本标准新增了优等路率、优良路率和次差路率三项统计指标。优等路率为优等路长度与总评定长度的百分比；优良路率为优良路长度之和与总评定长度的百分比；次差路率为次差路长度之和与总评定长度的百分比。

7.2 公路技术状况（MQI）评定

7.2.1 本标准调整了公路技术状况四个分项指标在式（7.2.1）MQI中的顺序，调整后顺序为路基技术状况指数SCI、路面技术状况指数PQI、桥隧构造物技术状况指数BCI和沿线设施技术状况指数TCI。

本标准对路基、桥隧构造物和沿线设施相关项目的扣分标准依据现行技术标准和规范做了调整。由于路基、桥隧构造物和沿线设施在MQI中的权重只有0.08、0.12、0.10，与PQI相比权重较低，其扣分标准的调整不会对MQI产生明显影响。本标准MQI各分项指标采用的权重与《公路技术状况评定标准》（JTG H20—2007）相同。

本标准新增了路面跳车指数PBI和路面磨耗指数PWI两项指标，对应的权重分别为0.10和0.10。路面磨耗指数PWI与路面抗滑性能指数SRI为二选一指标，与《公路技术状况评定标准》（JTG H20—2007）相比，权重保持不变。路面跳车指数PBI是路面纵断面局部突起和沉陷特征的函数，路面行驶质量指数RQI是路面纵断面突起和沉陷统计值的函数，二者都与路面纵断面相关，两项指标的权重之和与《公路技术状况评定标准》（JTG H20—2007）的权重相同，因此路面技术状况指数PQI在MQI中的权重（0.70）与《公路技术状况评定标准》（JTG H20—2007）一致，保持不变。

本标准与《公路技术状况评定标准》（JTG H20—2007）PQI各分项指标权重比较见表7-1。

表 7-1 本标准与《公路技术状况评定标准》（JTG H20—2007）PQI 各分项指标权重比较

路面类型	权重	高速公路、一级公路		二、三、四级公路	
		本标准	《公路技术状况评定标准》（JTG H20—2007）	本标准	《公路技术状况评定标准》（JTG H20—2007）
沥青路面	w_{PCI}	0.35	0.35	0.60	0.60
	w_{RQI}	0.30	0.40	0.40	0.40
	w_{RDI}	0.15	0.15	—	—
	w_{PBI}	0.10	—	—	—
	$w_{SRI(PWI)}$	0.10	0.10	—	—
	w_{PSSI}	—	—	—	—
水泥混凝土路面	w_{PCI}	0.50	0.50	0.60	0.60
	w_{RQI}	0.30	0.40	0.40	0.40
	w_{PBI}	0.10	—	—	—
	$w_{SRI(PWI)}$	0.10	0.10	—	—

7.2.5 根据公路网 MQI 评定需要，本标准增加了公路网公路技术状况评定指标的统计方法。

7.2.6 为规范 MQI 及各级分项指标评定工作，本标准规定评定结果保留两位小数。其中，当评定结果为 0 和 100 时，表示为整数。

7.3 路基技术状况（SCI）评定

7.3.1 重度边坡坍塌有可能影响交通安全。本标准规定影响交通安全的重度边坡坍塌，其评定单元的 MQI 值应取 0。

根据《公路技术状况评定标准》（JTG H20—2007）的使用情况和专家问卷调查，本标准取消了路肩边沟不洁损坏，同时将边坡坍塌的中度和重度损坏的单位扣分由 30 和 50 分别提高到 50 和 100；水毁冲沟权重由 0.25 调整为 0.15；路基构造物中度和重度损坏单位扣分由 30 和 50 提高到 50 和 100；路基沉降权重由 0.10 提高到 0.25；《公路技术状况评定标准》（JTG H20—2007）中的排水系统淤塞名称变更为排水不畅，将"长度"和"处"的计量单位统一为"处"，损坏分轻、中、重三个程度，对应的单位扣分调整为 20、50、100。

7.4 路面技术状况（PQI）评定

7.4.2 水泥混凝土路面表面刻槽可能导致 MPD 检测数据无效，本标准规定有刻槽的水泥混凝土路面不进行 PWI 评定。

7.4.3 在计算 PQI 时，路面磨耗指数 PWI 与路面抗滑性能指数 SRI 应为二选一指标，权重取 0.10。

7.4.4 路面结构强度指数 PSSI 不参与 PQI 计算，权重取 0。

7.4.5 路面损坏状况指数 PCI 评价模型与《公路技术状况评定标准》（JTG H20—2007）一致。PCI 与 DR 对应关系见表 7-2。

表 7-2　PCI 与 DR 对应关系

PCI	90	80	70	60
DR$_{沥青路面}$	0.4	2.0	5.5	11.0
DR$_{水泥混凝土路面}$	0.8	4.0	9.5	18.0

沥青路面和水泥混凝土路面损坏的换算系数，为用于机器自动识别的各类路面损坏权重。

按照沥青路面裂缝类、变形类、其他类损坏和水泥混凝土路面断裂类、接缝类、其他类损坏的划分方法，本标准调整了表 7.4.5-1 和表 7.4.5-2 路面损坏类型的先后顺序。

条状修补为纵向裂缝和横向裂缝等的灌缝修补措施，以长度（m）为单位。块状修补为车辙、坑槽等的处治措施，以面积（m²）为单位。

7.4.6 现行《公路路面技术状况自动化检测规程》（JTG/T E61）T0974 路面裂缝自动化检测方法规定，用于计量路面裂缝的网格标准尺寸为 0.1m×0.1m，其他类型的路面损坏需参照该规定。

7.4.8 根据专家意见和路面车辙检测数据的研究分析，本标准优化了路面车辙深度指数 RDI 的模型结构，调整了模型参数。

表 7.4.5-1 中的路面车辙损坏适用于人工调查。高速公路和一级公路路面车辙采用自动化设备检测，路面车辙深度指数 RDI 单独评定，表 7.4.5-1 中的路面车辙损坏不再重复计算。

7.4.9 路面跳车影响因素包括水泥混凝土路面的错台，沥青路面的坑槽、拥包、沉陷、波浪，井盖突起或沉陷，路面与桥隧构造物异常连接等。本标准主要关注路面与桥隧构造物等异常连接引起的跳车。

路面跳车指数 PBI 是路面跳车数和路面跳车程度（轻度、中度、重度）的函数，路面跳车程度与路面纵断面高差相关。

7.4.10 路面磨耗指数 PWI 是行车道三线位置（左轮迹带、右轮迹带及车道中线）路面构造深度最大差值的函数，用于描述路面表面磨损状况。路面构造深度的基准值为无磨损的车道中线路面构造深度检测数据。车道中线路面表面有明显磨损时,可以采用同一断面同质路肩的路面构造深度检测数据为基准值。交工验收时的路面构造深度检测数据也可以作为路面构造深度的基准值。

7.4.12 根据路面结构强度指数 PSSI 评定工作需要,本标准增加了路面弯沉标准值计算方法。

本标准将《公路技术状况评定标准》(JTG H20—2007)中的路面结构强度系数 SSI 调整为路面结构强度系数 SSR(Pavement Structure Strength Ratio),意义不变。

7.5 桥隧构造物技术状况(BCI)评定

7.5.1 根据《公路技术状况评定标准》(JTG H20—2007)的使用情况和专家建议,本标准调整了桥梁、隧道和涵洞的单位扣分标准。桥梁增加了 2 类桥梁的扣分。根据现行《公路隧道养护技术规范》(JTG H12)的规定,采用了 5 级隧道技术状况等级评价方法,对应的单位扣分调整为 0、10、40、70 和 100。根据现行《公路桥涵养护规范》(JTG H11)的规定,涵洞技术状况增加了"较好"等级扣分。

附录 A 公路技术状况调查及评定表

本标准主要适用于沥青路面和水泥混凝土路面，删除了《公路技术状况评定标准》（JTG H20—2007）中的砂石路面损坏调查表。

本标准调整优化了表 A-1～表 A-5 公路技术状况调查表的格式。

根据调整后的路基损坏分类、单位扣分和相关权重，调整了路基损坏调查表的有关内容。

针对新增加的两项路面技术指标及优等路率、优良路率和次差路率三项统计指标，本标准调整了表 A-6 公路技术状况评定明细表和表 A-7 公路技术状况评定汇总表，新增了表 A-8 路面技术状况评定汇总表。

附录 B 路面跳车计算方法

B.0.1 本标准采用 10m 路面纵断面高程作为路面跳车计算依据。10m 路面纵断面高程需要通过数据预处理剔除桥梁伸缩缝等处可能存在的异常高程值，消除路面纵坡对路面纵断面高差计算的影响。

附录 C 路面弯沉标准值计算方法

C.0.3 新改建沥青路面结构设计使用年限需符合现行《公路沥青路面设计规范》（JTG D50）的相关规定。

C.0.4 沥青路面结构性修复设计年限需符合现行《公路沥青路面养护设计规范》（JTG 5421）的相关规定。